音楽は直に琴線に触れる――刺激し、楽しませ、感銘をあたえる。ときには共鳴を惹起し、動揺を与えることもある。ビートルズの音楽はとりわけ心にひびく。

二〇一二年（平成二十四年）に、一人の聴き手としてそうした思いを私家版『ビートルズ・ミュージック』にまとめた。以後十余年、勘違いや舌足らずの箇所も散見された。この度それを閲し、訂正・削除・追加したのが本書。つまり改訂増補第二版ということになる。

目次

＃1　エンディング

ビートルズの音楽においては、いわゆるフェイド・アウトが少ないように思う。同時代のバンド（グループ）が半数以上の曲でフェイド・アウトを採用しているように見えるのに対して、ビートルズの場合、フェイド・アウトの方が少ないとさえ言えるのではないか。

この傾向はとりわけ初期において顕著であって、『ア・ハード・デイズ・ナイト』では全十三曲中、十曲がフェイド・アウトなしのエンディングである。たしかに中・後期になると編集技術や録音技術の進歩もあってか、二曲をほとんど連続するようにつなげたり（『サージャント・ペパーズ・ロンリー・ハーツ・クラブ・バンド』中の一曲目「サージャント・ペパーズ・ロンリー・ハーツ・クラブ・バンド」と二曲目「ウィズ・ア・リトル・ヘルプ・フローム・マイ・フレンド」）、いったんフェイド・アウトして楽曲が消え去ったかに聞こえながら、それがふたたび音量を増しながらなんとも面妖な終末を迎える（いわゆる『ホワイト・アルバム』パート2中の「ヘルター・スケルター」）というようなこともおこなわれる。また、『アビー・ロード』では「サン・キング」あたりから「ジ・エンド」までが「メドレー」としてほぼ連続して演奏される――など。

ところで、初期のビートルズはライヴ・バンドでもあったので――というよりライヴ・バンドにこそ彼らの音楽の原点が存するのだが――レコードでの発表形態がそのままステイジでも通用する必要があったのではなかろうか。とすれば、ステイジにおける颯爽としたエンディング――これこそが当時のビートルズのめざした姿であったということになる。

当然の帰結として、フェイド・アウトは少なくなる。また、ステイジで演奏しなくなる後期にいたっても「レット・イット・ビー」「ロング・アンド・ワインディング・ロード」など代表曲はフェイド・アウトの体裁をとっていない。

そこで本題だが、そうした中にあって唯一フェイド・アウトでも許される、そんな曲がある――「ア・ハード・デイズ・ナイト」。最初の映画の題名にもなり、映画に使用された楽曲をアルバム化したLPレコードの表題ともなった曲である。この曲のエンディングはアルペジオ風のギターの旋律にすぎないが、前奏や間奏、また主旋律のアレンジなどではなく、一個の独立したエンディングである。ややアップ・テンポのハードなリズムにのり〝you know I feel all right〟（ジョン・レノン）と歌われた後、一転そのリズム・歌声は停止し、ギターのアルペジオ風の旋律が展開する――そしてフェイド・アウト。無理にエンディングを付ければ、彼らのことだ、それなりに格好をつけたでもあろう。しかし、ここでのフェイド・アウトは、光り輝く星がスター・ダストとなり中空の彼方へと去っていくかのごとき衝撃。この曲こそフェイド・アウトするのが許されるどころか、フェイド・アウトするのに相応しいビートルズ唯一の名曲と言えるのではないだろうか。

因みに「A Hard Day's Night」は英語としては破格である。「昼間から夜中までハードな一日だったぜ」くらいの謂いか。仕事が終わったときにリンゴーが、つぶやいた（と聞いた）。

話はややずれる。フェイド・アウトはもちろん録音技術の賜物だが、テクニックがあれば、ステイジでも可能である。実例は、ひとつしか知らない。かなり以前のことだが、「○○とブラジル'66」というバンド（あてにならない記憶によれば、女性ヴォーカル二、ベース、ピアノ（これがバン・マスの○○さん）、金管楽器一ないし二《サックス？　トランペット？》の、六、七人）が、なんと「デイ・トリッパー」を演奏していて（ボサノヴァの軽快なアップ・テンポ）、エンディングがフェイド・アウト、しかも舞台で、である。次第に音が小さくなるとともに楽器の数も減り、最後はピアノのかそけき音色と、ハイハット（ドラムス）の音のみとなり、それも少しずつ小さくなる。それに合わせて舞台の照明も落とし、最後の微かな一音とともにライトは完全に消える。やや間があって、舞台がパッと明るくなる。そこで、拍手喝采――。実にすばらしい終わり方だった。テレビで視聴。もちろん録画放送。

「ア・ハード・デイズ・ナイト」のエンディング、ビートルズはステイジでもフェイド・アウト――しないな、きっと。

#2 オープニング

ビートルズのオープニングの特徴は、「いきなり始まる」につきると思う。いわゆるイントロがない曲が大勢を占める。いくつか種類があるが、一番ビートルズらしいのは、弱起のヴォーカルで始まるもの。この手のオープニングはビートルズ以外にはほとんど聞いたことがないが、ビートルズの場合、得意中の得意である。有名なところでは「ヘイ・ジュード」「ロング・アンド・ワインディング・ロード」「キャント・バイ・ミー・ラヴ」「オール・マイ・ラヴィング」、そのほかに「アイ・ウィル」「ノー・リプライ」「アイム・ア・ルーザー」（順不同）など枚挙にいとまがない。ついでに頭に浮かんだものを列挙してみた（同）。「イフ・アイ・フェル」「ウェイト」「イット・ウォント・ビー・ロング」。この出だしの不思議な魅力は何なのだろう。「キャント・バイ・ミー・ラヴ」では強烈な印象、「ヘイ・ジュード」では悠然たるメロディーの開始、「ロング・アンド・ワインディング・ロード」「アイ・ウィル」「イフ・アイ・フェル」ではたおやかな旋律への誘い、というところか。これの変形に、前奏とも言えない、おまけ付き程度のものもある。「シー・ラヴズ・ユー」――まず軽くドラムス、つづいて弱起のヴォーカル〝she loves you, yeah yeah yeah!〟――軽快にしてかつ勢いがある。「ア・ハード・デイズ・ナイト」――これは冒頭G13thのコード（に聞こえる。当時の楽譜には載っていなかった。楽器は、長いあいだピアノだと思いこんでいたが、ギターかもしれない）一発で、弱起のヴォーカル〝it's been a hard day's night〟――これも斬新。「イエス・イット・イズ」――オルガン（?）による二音の後、これも弱起のヴォーカル。もう一曲、「フォー・ノー・ワン」――ピアノ（キーボード）が一拍あり、二拍目から弱起のヴォーカル。「ヒア・ゼア・アンド・エヴリウェア」もほぼ同様。

また、一小節の一拍目からいきなり始まるものもかなりある。これには「ペーパーバック・ライター」「ノーウェア・マン」「アイム・ダウン」「ホウェン・アイ・ゲット・ホーム」「ウィ・キャント・ワーク・イット・アウト」など（順不同）。前三曲はいずれもヴォーカルのみのスタートで、とくに「ペーパーバック・ライター」「ノーウェア・マン」は三重唱のアカペラ風。コーラス・グループとしてのビートルズの一面が窺われる。また、「ヘルプ」も迫力がある。「ハロー・グッドバイ」「ペニー・レイン」も忘れられない。

最後に、「フェイド・イン」とでも言うべきものもあった。「エイト・デイズ・ア・ウィーク」。

Out of Music　ロー・ティーンのころ、ビートルズの曲を聞いていて、あるいは歌詞を見ていて、意味がわからず、辞書を引いたりしたものだった。単語では、〝apologize〟(「テル・ミー・ホワイ」)、熟語では〝……for sale〟(〝The Beatles For Sale〟)。そして〝wanna〟〝gonna〟にも困ったものだった。〝p.s.〟(「P.S. アイ・ラヴ・ユー」)にいたっては、英和辞典をひいてはじめて「追伸」という日本語を知った次第——。

＃3　テンポ

ビートルズのオリジナルを聞いているとさして気にならないが、演奏したり、他のミュージシャンが演奏しているのを聞くと、曲のテンポが気になることがある。概して速すぎるように思われる。目立つのは「オブラディ・オブラダ」と「デイ・トリッパー」。特に前者はアップ・テンポで、「のって」演奏している感じがする。オリジナルはかなりゆっくりで、これが本来のテンポなのであろう。しかし、これでは「のれ」ない。そこで、ついついアップ・テンポになってしまうのではないだろうか。だが、「のって」演奏した「オブラディ・オブラダ」は、とりわけブラスによる演奏は軽快すぎて、ほとんど運動会のＢＧＭである。「デイ・トリッパー」も基本的には同様。「のって」演奏して成功した例はほとんど聞かれない。唯一、成功しているのは、「〇〇〇とブラジル'66」（＃1）の「デイ・トリッパー」かもしれない。ボサノヴァの軽快なリズムとあいまって、まったく別物のような感じさえ与える。オリジナルと五分にわたりあっていると言ってもいいかもしれない。また、「ヘイ・ジュード」も速すぎるものが多いように思われる。「イェスタデイ」の場合は、弦楽器によるインストロメンタルでイージー・リスニング風に演奏したものには、テンポが速くてもあまり違和感は感じられない。

#4　ノン・オリジナル

初期のビートルズはかなりいろいろな作曲者や演奏者の作品を演奏している。主なものでも、「ロック・アンド・ロール・ミュージック」「トゥイスト・アンド・シャウト」「ロール・オーヴァー・ベートーヴェン」「プリーズ・ミスター・ポストマン」などなど（順不同）。このうち、The best of Non-original of the Beatles を選ぶとしたら、何であろう。

「ロック・アンド・ロール・ミュージック」はジョン・レノンが見事なまでにひとりで歌いきっている逸品だし（間奏がないのもいい）、「トゥイスト・アンド・シャウト」や「ミスター・ムーンライト」、「プリーズ・ミスター・ポストマン」などは主旋律とコーラスの華麗な交歓が冴えている。そこで、ひとつを選ぶとしたら――どうしても一つと言うのであれば、「トゥイスト・アンド・シャウト」。ジョン・レノンを主軸に（なんといっても彼の歌いっぷりには華がある）、ポール・マカトニーの高音部もしなやかで、全体のバランスが良い。次点は上記の曲目を抑えてむしろ、「ティル・

ゼア・ウォズ・ユー」。こちらはポール・マカトニーの独り舞台。瀟洒なメロディー、慎ましやかなギター、ともに秀逸で、作曲者名を確認しなかったら、ビートルズ・オリジナルと思いこんでも不思議はない。数々の名曲の陰に隠れた存在だが、忘れられないすぐれもの。

#5　ジョージ・ハリスン　The Luckiest Guy

ビートルズにおけるジョージ・ハリスンをメインにした曲は、作曲者によって三種に分けられる。

1　ジョージ・ハリスン自身によるもの
2　レノン／マカトニーもの
3　その他（Non-original）

このうち、3についてはあまり見るべき（聞くべき?）ものはないように思われる。2については、リンゴー・スターと比べると、かなり質の良いものが多いのではないか。そのなかで挙げるとすれば、「ドゥ・ユー・ウォント・トゥ・ノウ・ア・シークレット」「アイム・ハッピー・ジャスト・トゥ・ダンス・ウィズ・ユー」の二曲。いずれも作詞・作曲者のジョン・レノン、ポール・マカトニーの二人を従えてのメイン・ヴォーカルなのだから、ジョージ・ハリスンはかなりの果報者だ。「二十世紀の幸運な人々」が選ばれるとしたら、彼はまちがいなくベスト・テン入りをはたすと言えよう。また、この二曲ともジョージ・ハリスンが歌っていることとの因果関係は不明だが、軽快で小気味よいギター・ワークが印象に残る。

最後に、1について。まずは「タックス・マン」。イントロから終始、曲のスタンスを決定づけるベースとギターの旋律――近年は「リフ」と言うらしい。加うるにドラムスが躍動感と緊張感にあふれている。メイン・ヴォーカルとコーラスのからみも聴き応えがある（サビの部分で、レノン／マカトニーの従部が先行し、ジョージ・ハリスンの主部がこれに応える）。また途中から加わるエスニック調（インド風？・）のギターの音色も曲全体の雰囲気とマッチしている。この曲はアルバム『リヴォルヴァー』の劈頭をかざっているが、これはきわめて異例のこと。この曲が高く評価されていた証と考えられる。

つづいて「ホワイル・マイ・ギター・ジェントリー・ウィープス」。題名どおり「そっと泣く（というより実際は「泣き濡れる」といった風情の）」ギターの音色（エリック・クラプトンによるとの伝聞あり――未確認）は出色である。ギタリストである自身とむすびつけたコンセプトもわかりやすい。リズムも変わっていておもしろい。四拍子で三拍目に強拍がくる。さらに、彼の曲の中ではメロディアスで、曲想も大きい。

最後に「サヴォイ・トラフル」。彼の曲で、ブラスと合うのはこの曲くらいしか思いうかばない。とくに間奏の部分におけるジョージ・ハリスンのギターとブラスとの「掛け合い」は絶品。

次点として「ドント・バザー・ミー」。

#6 ポール・マカトニーの歌

ポール・マカトニーはいわゆる第二ヴォーカルだと思っていたが、あらためて聞き直してみると、意外にメイン・ヴォーカルを数多くつとめている。彼の歌う曲はバラード風のメロディアスなものが印象的で、「イエスタデイ」「アンド・アイ・ラヴ・ハー」「ロング・アンド・ワインディング・ロード」などがただちに思い起こされるにちがいない。しかし、レノン／マカトニーものでは初期の「アイ・ソウ・ハー・スタンディング・ゼア」「アイム・ダウン」、中期の「オー・ダーリン」、後期の「ヘルター・スケルター」「アイヴ・ガット・ア・フィーリング」、またNon-originalでは「カンザス・シティー」「ロング・トール・サリー」など、一貫してシャウトする曲も手がけている。なかでは「オー・ダーリン」が一頭、地をぬく。つづいて「アイム・ダウン」か。いずれにしても「ロック・アンド・ロール・ミュージック」に代表されるジョン・レノンの華やかさ・精悍さのゆえに陰に隠れていたことはいなめない。

もちろんメロディアスな曲をあまい歌声で歌うところにポール・マカトニーの真骨

頂があるのは疑いないが、別の意味でまさに彼ならではの名曲がある――「オール・マイ・ラヴィング」。出だしはもちろん弱起のヴォーカル、それにギターのリズム（三連符）が軽やかに伴走する。歌詞も「眼をとじてご覧。キスしてあげよう～」と、臆面もなく堂々と言ってのける。極めつけはコーラス。途中から三度の高音部が加わるが、これがポール・マカトニーの一人二重唱。この曲、まさにポール・マカトニーの面目躍如といった観のある逸品。

Out of Music　久しぶりに「シー・ラヴズ・ユー」「アイ・ウォント・トゥ・ホールド・ユア・ハンド」のドイツ語盤を聞くことができた。ものは〝Past Masters〟（CD）に収録されている。題名だけはわかったので、左に英語と対応させて記すことに――。

She　Loves　you
Sie　Libt　Dich
（英語に一対一対応している）

I Want To Hold Your Hand

Komm, Gib Mir Deine Hand

（Come, give me your hand というところか?.）

#7　コーラス

三重唱では「ノーウェア・マン」「イェス・イット・イズ」「ディス・ボーイ」（いずれもレノン／マカトニー）などがよく知られている曲目か。また、後期には「ビコーズ」（レノン／マカトニー）もある。この曲はビートルズとしては「綺麗」を狙いすぎてやや脆弱な感じを受ける。エコーの効かせすぎもその一因かもしれない。三重唱の担当は、低い方からジョン・レノン、ジョージ・ハリスン、ポール・マカトニーの構成が一般的ではないだろうか。二重唱にはいくつか組み合わせがある。まず、最強コンビは低音ジョン・レノン、高音ポール・マカトニーの組み合わせ。すぐ次に述べるように、ビートルズの和声の「顔」である。また、低音ジョージ・ハリスンの曲では引き立て役としてこの上ない強力な布陣である（#5）。低音ジョージ・ハリスン、高音ポール・マカトニーこれはジョン・レノンがメイン・ヴォーカルを担当するさいのバックで、頻度としては一番高いかもしれない。最後に低音ジョン・レノン、高音ジョージ・ハリスンの組み合わせ。ポール・マカトニーがメイン・ヴォーカルのときのバックということになるが、この場合、高音部のジョージ・ハリスンがやや弱いように聞こえる。先に挙げた曲の中では、コーラス曲とも言える「ビコーズ」よりも、「ノーウェア・マン」の三重唱がみごとな統制がとれていて、最高点と言えるのではないか。エンディングでのポール・マカトニーの伸びのある高音も印象的。「イェス・イット・イズ」「ディス・ボーイ」の三重唱は音楽構成的にはすばらしいものかもしれないが、実際のコーラスはやや危なっかしく聞こえてならない。

二重唱はビートルズのいわば「おはこ」で、特に曲の一部としてジョン・レノンやポール・マカトニーのソロと組み合わせ、完成度の高い作品を多く生みだしている。この場合も、低音ジョン・レノン、高音ポール・マカトニーが最高の組み合わせとなる。たとえば、「シー・ラヴズ・ユー」——出だしの力強いリフレイン、それに続くジョン・レノンとポール・マカトニーの見事な二重唱。これぞビートルズ、と言えよう。「ノーウェジアン・ウッド」——シンプルなギターの前奏（主旋律はシタールか?）からジョン・レノンのソロ、そしてサビの部分のジョン・レノンとポール・マカトニーの絶妙なる二重唱。この二曲とも、とりわけ二重唱の箇所は高音部・低音部ともにしなやかなメロディーで、どちらが主でどちらが従かを問うこと自体が意味をなさないほど精巧な旋律を奏でている。

また、二重唱を中心に組み立てられている曲としては「アイル・ビー・バック」――ジョン・レノンのソロを間にはさみ、ジョン・レノンとポール・マカトニーの二重唱で聞かせる恋歌は秀逸。「ゼアズ・ア・プレイス」――ジョン・レノンの低音部、ポール・マカトニーの高音部、ともに生き生きとしていて、この最強の組み合わせの効果を存分に知ることができる。また、「イフ・アイ・フェル」の二重唱も耳に残る。さらに、二重唱をサビの形で活かしている曲としては「ティケット・トゥ・ライド」も忘れられない。沈鬱さのなかにきらめくような慟哭が歌いあげられている。一説には、シングル盤の発表のさい、「イエス・イット・イズ」とどちらをA面にするか、もめたという。「イエス・イット・イズ」ももちろん美しい曲であるが、聞くものの耳を打つという点に関しては「ティケット・トゥ・ライド」の方が一枚上手なのではないだろうか。

さらに、ビートルズの二重唱、というより低音ジョン・レノン、高音ポール・マカトニーの二重唱の特徴を思い起こしておきたい。それは、ジョン・レノンがメイン・ヴォーカル（ソロ）の場合でも、二重唱になると主旋律が高音部であればそれをポール・マカトニーが担当し、ジョン・レノンは低音部にまわるという手法である。曲例としては「イフ・アイ・フェル」。特にこの曲では、ジョン・レノンがギター一本をバックに言いようのない魅惑的なソロ・ヴォーカルを披露したのち、二重唱に移ると主旋律を高音部のポール・マカトニーが歌うのに対して、ジョン・レノンは一転して低音部にまわる。さらに、この二重唱の旋律部分でも一部ソロの箇所があるが、そこへくるとまたもやジョン・レノンの歌声。なんともはや、芸が細かい、と言うか低音部ジョン・レノン、高音部ポール・マカトニーの線を頑なにまもる姿勢に驚かされる。「シー・ラヴズ・ユー」「ノーウェジアン・ウッド」――ここでも主旋律をソロで歌ってきたジョン・レノンがサビの部分では低音部を担当し、高音部（主旋律）はポール・マカトニーが歌う。つまり、二人が単独で歌う場合の効果と、低音部ジョン・レノン、高音部ポール・マカトニーの二重唱の場合の効果とを彼らは明確に自覚して使い分けていた。ビートルズの曲を歌（単一のメロディー）として追っていくと、この手法に突き当たり、ひとつの歌（メロディー）としての姿はしだいに薄れ、やわらかく結ばれた二つのメロディーに耳が、そして心が満たされることになる。これがビートルズの魅力であり、魔力であるということなのだろうか。

後日譚――。後年、ライヴなどの動画を見聞きすると、ポール・マカトニーが単独で歌う場合、コーラスだと思っていたパートを歌うので、これが主旋律だったのかと驚くとともに、「二重唱が一体となっていて、主従を問う意味がない」という事実をあらためて突きつけられる思いがする。

最後に一人二重唱について。ジョン・レノン、ポール・マカトニー、ジョージ・ハリスンには自身で二重唱する曲目がある。ポール・マカトニーは初期の「オール・マイ・ラヴィング」をはじめとして、後期には彼中心の曲はほとんど。ジョン・レノンにも時期を問わず一人二重唱が見受けられる。ジョージ・ハリスンは後期にいたって自作曲で一人二重唱を聞かせてくれるようになる。しかし、三人のいずれの場合も一人二重唱は、他のメンバーと組んだ場合に比べて主従の旋律の関係にメリハリがなく、ぼやけた印象を与えているように感じられる。同一人物の声は同質であり、二重唱ではより大きな効果が期待できそうに思われるが、同質性がかえって主従の旋律の融合をすすめてしまうのかもしれない。中・後期の曲が主旋律一本の力に依存し、二重唱・三重唱、あるいは「掛け合い」「絡み合い」がほとんど演じられないという点とも連関があるものと思われる(「ハロー・グッドバイ」など数少ない例外はあるが――ひょっとしたら時期的には、「掛け合い」「絡み合い」を本格的に聞かせる曲としては、この曲が最後なのかもしれない)。やはりビートルズの和声の「顔」は低音ジョン・レノン、高音ポール・マカトニーの最強コンビだというのが結論のようだ。

#8　寄り道　Out of Music Only

思いつくままに日本語曲名について。「ノーウェジアン・ウッド」は「ノルウェーの森」という表記がなされることがあるが、「ノルウェー」はともかくとして、「森」はおかしいのではないか。〝wood〟は複数形（〝woods〟）では「森」だが、題名は〝Norwegian Wood〟「ノルウェイ産の材木」の意か。歌詞からはそのように推測される――彼女に誘われて行った家がログ・ハウス風のものなのかもしれない（＊注）。「ノーウェア・マン」は「ひとりぼっちのあいつ」だが、訳しようもなく、苦心の作といったところ。「愛こそはすべて」は〝All…〟を「〜こそ」と裏返しに訳す常套手段で無難な線。「ビートルズがやってくるヤー・ヤー・ヤー」（「ア・ハード・デイズ・ナイト」）、「4人はアイドル」（「ヘルプ」）は映画の関係でやむをえないのかもしれない。それゆえか、しばらく前から使われなくなった。「抱きしめたい」（「アイ・ウォント・トゥ・ホールド・ユア・ハンド」）も少しニュアンスが違うような気がする。「パーティーはそのままに」は〝I Don't Want To Spoil The Party〟のことだが、名訳。さらに、なにかで読んで納得したこと。〝Rubber Soul〟――「ゴムのような心」。なるほど。〝Day Tripper〟――「その日暮らしの女」。ハタとひざを打った。

蛇足。ジョージ・ハリスンが「ロール・オーヴァー・ベートーヴェン」を歌っているが、なにげなく「ベーソーヴェン」（〝th〟を英語風に発音する）のような言い方をしていると思いこんでいたが、実際によく聞くと「ベートーヴン」とでも書くしかないような発音だった。そこで、やっと思い出した。彼らが下積みのころドイツのハンブルクで演奏して、評判があがった。で、次に地元のリヴァプールで演奏すると、「ドイツ野郎のわりには英語の発音がいい」と話題になった由（ドイツ語盤二曲も、もちろんこれに関係あるだろう）。

さらに、ドイツ語では教科書等によれば（標準語の発音では、ということか）、〝v〟の音価は、在来の単語については〝f〟で（ゆえに〝Volkswagen〟は「フォルクスヴァーゲン」）、外来語は〝v〟とのこと。〝Beethoven〟はどういう由緒の姓なのか？〝van〟はオランダ系で、ドイツ語の〝von〟にあたると聞いたこともある。その伝でいくと、「ベートホーフェン」かなどと妄想をいだいてしまう。

＊注　「ノルウェイ産の家具」だと、近年聞かされた。

#9　リンゴー・スター

リンゴー・スターはいい男である。ステイジでは前の二人に対して後ろ上段にドラムスをかまえ、ジョン・レノンを中心とした三人の曲目紹介やファンとの交流をやさしく見つめる。そしてドラムスを叩く。スタジオではジョン・レノン、ポール・マカトニーを軸に、ジョージ・ハリスンも加わる曲の推敲――黄金のトライアングル――に強い自己主張もせず（たぶん）、ひたすら曲の完成を目指し、陰ながら尽力する。職人的態度でできるかぎりのヴァリエイションを試行し、健気に演奏する。

それにしても、リンゴーがヴォーカルを任される楽曲はやや定型的と言える。

一つはノリのよいロックらしさに溢れる数曲――「アイ・ウォナ・ビー・ユア・マン」（日本公演でも披露してくれた）「ボーイズ」「マッチボックス」など。

もう一つはリンゴーの人柄そのものが顕現したようなはんなりとした曲――「イエロー・サブマリン」「ハニー・ドント」。そして「ウィズ・ア・リトル・ヘルプ・マイ・フレンド」。サビの箇所でのポール・マカトニー（と思われる）のバックコーラスとリンゴーのソロが響きあって絶妙である。

さらに「ドント・パス・ミー・バイ」と「オクトパス・ガーデン」——この二曲は傑作とは言えないかもしれないが、リンゴーらしさが馥郁とかおるメロディーとテンポ。そして律儀な彼の歌声が聴く者の心を穏やかにさせる。

最後にとっておきの一曲——「グッド・ナイト」。いつにないリンゴー・スターの落ち着いた歌声・歌い方が「子守歌」の雰囲気を醸し出すのに一役買っている。リンゴー・スターがようやく巡り会った佳曲。いわゆる『ホワイト・アルバム』(〝The Beatles〟Part1/2)を締めくくるにあたり、最年長者としてしての面目をほどこしている。

#10 ジョン・レノンの歌

特に初期に限って言えば、ジョン・レノンはステイジで仕切るだけでなく、艶のあるバリトン（？）でビートルズの音楽を引っ張っている。あちこちと重複するが、三重唱では低音部でコーラスに厚みをつけ、ソロでは硬軟を使い分ける巧みな歌い方でバンドをリードする（ソロでは「ロック・アンド・ロール・ミュージック」「アイ・シュッド・ハヴ・ノウン・ベター」「ユーヴ・ガット・トゥ・ハイド・ユア・ラヴ・アウェイ」など。コーラスについては#7）。

また、ポール・マカトニーほどの甘さはないが、しっとりとした曲も聞かせてくれる。

初期では「アンナ」(Non-original)、中期では「ガール」(『ラバー・ソウル』)、「ジュリア」(『ホワイト・アルバム』パート1)。しかしこの頃から以前の張りのある精悍な歌い方が影をひそめ、いわば〝shout〟から次第に〝cry〟に移行する。さらに平板ともいえる歌い方もしばしば聞かれるようになり、アンニュイな、とでも言うべきトーンがかいまみられるようになる。旋律も抑揚の乏しい、退屈なものが増えてくる。『リヴォルヴァー』では「アイム・オンリー・スリーピング」、さらに『ホワイト・アルバム』中の三曲（「セクシー・セディー」「アイム・ソー・タイアード」「クライ・ベイビー・クライ」）など。

後期になるとこの傾向はさらに強まり、曲もメッセイジ性が高くなってくる（「リヴォリューション」「オール・ユー・ニード・イズ・ラヴ」）。「アクロス・ザ・ユニヴァース」（『レット・イット・ビー』）も優美な曲であるが、メロディー・ラインは平板なものと言わざるをえない。この反動か、中・後期にはヤンチャな曲、irregularな曲も聞かれるようになる。前者としては「エヴリバディズ・ゴット・サムシング・トゥ・ハイド・エクセプト・ミー・アンド・マイ・モンキー」（『ホワイト・アルバム』パート2）、後者としては「トゥモロウ・ネヴァー・ノウズ」（『リヴォルヴァー』）、「ハッピネス・イズ・ア・ウォーム・ガン」（『ホワイト・アルバム』パート1）。

これはジョン・レノン（あるいはその曲）が大人になったと解して済ますべきことなのかどうか。

Out of Music　ジョン・レノンの発言（契機や状況はすべて忘却）――「ぼくらの音楽を聞きたければレコードを、姿（or顔）を見たければコンサートへ」。

#11 ベスト・アルバム

アルバムと言えばもちろんビートルズのころにはＬＰ盤のレコードのことだが（因みにＬＰとは〝long play（ing）〟の謂）、最初期のころは英国、米国、そして日本と曲目が入り乱れて、しかも表題が各国ごとに異なるので、当時はアルバムのアイデンティティーを確認するのに手間取ったりしたものだった。日本では『ビートルズ』『ビートルズ　セカンド・アルバム』の順に発売された。復刻版（ＣＤ）では〝Please Please Me〟〝With The Beatles〟の表題を採用しているが、これは英国版をオリジナルとしているのではないかと思われる。たしか米国では〝Something New〟というようなアルバムもあったはず。いずれのアルバムについても収録曲はおぼろげである。ただ、日本での最初のアルバム『ビートルズ』が〝Please Please Me〟にあたるのは、レコード・デヴュー曲「ラヴ・ミー・ドゥ」がこのアルバムに入っているところから、間違いのないところではないかと思われる。いずれにしろ収録曲は、ライヴ・バンドでもあったので、Non-original の曲はすでにステイジで披露していたものであったろうし、オリジナルであっても発表（演奏）済みのものも含まれていたのではないだろうか。英・米・日で同時発売とはいかないが、表題および曲目が統一されるのは『ア・ハード・デイズ・ナイト』からではなかったか。もうひとつかつての記憶から――。『ビートルズ ナンバー5』というLPがあったはずで、これは表題のごとく日本では五枚目のアルバム。ということは『ビートルズ』『セカンド・アルバム』『ア・ハード・デイズ・ナイト』『ビートルズ・フォー・セイル』に続くもので、それまでシングル盤のB面でしか聞けなかった曲を中心に構成したものであった（はず）。「イエス・イット・イズ」「レイン」などがこれに相当する（ひょっとしたら「ディス・ボーイ」も?）。

さらに「アイ・ウォント・トゥ・ホールド・ユア・ハンド」「シー・ラヴズ・ユー」のドイツ語盤を聴いたのもこれによると記憶している。新曲を網羅してアルバムらしくなるのは（少なくとも日本では）三枚目の『ア・ハード・デイズ・ナイト』から。その後『フォー・セイル』『ナンバー5』ときて『ヘルプ』の順となり、次の『ラバー・ソウル』が画期となる。ビートルズのアルバムがコンセプトをもったのである。今となれば当たり前のことかもしれないが、当時は全曲新曲といっても、未発表の曲の中から自信作を収録するというようなことが少なくなかった。以後、いわゆる『ホワイト・アルバム』を例外として『アビー・ロード』まではこの路線が貫かれる（末期に至ってまたぞろ、寄せ集め版の観を呈してくる）。

ところでビートルズの活動期間中、ベストの評価を得ていたアルバムは『サージャント・ペパーズ・ロンリー・ハーツ・クラブ・バンド』。ステイジでの演奏を全く想定せず（これは少し前から）、当時最新のハイテク装置を駆使し、実験的・前衛的とも言える曲風も試みている（いったん録音したレコードを逆回しにして再度録音したりもしたそうな。これは近年、年下の知人に聞いたはなし）。また、最初と途中にアルバム表題名の曲（アレンジは異なる）を配置し、統一性を高める工夫も見られる。

さて本題。ここでのベストは『ア・ハード・デイズ・ナイト』。理由はただ一点、全曲すべてレノン／マカトニーの手になるもの。Non-original はもちろん、ジョージ・ハリスンがメイン・ヴォーカルを担当している曲も一曲のみ（「アイム・ハッピー・ジャスト・トゥ・ダンス・ウィズ・ユー」）。リンゴー・スターが歌う曲はない。コンセプトなる文学的なものを抜きにして音楽性のみで統制している。映画の日程に合わせたために推敲の時間がなかったのかもしれない。

「ア・ハード・デイズ・ナイト」は映画およびアルバムの表題曲。鮮やかなエンディング（#1）はもちろん、ジョン・レノンのソロ、ポール・マカトニーとのユニゾン、はたまたポール・マカトニーのソロ（サビの部分）と使えるカードのオン・パレード。

以下、十二曲について、一言ずつ。

「アイ・シュッド・ハヴ・ノウン・ベター」――ジョン・レノンが徹頭徹尾、仕切る（ヴォーカル、そしてハーモニカ）。

「イフ・アイ・フェル」――類例を見ない独特の出だし（ジョン・レノンのソロ）、そしてそれに続く低音ジョン・レノン、高音ポール・マカトニーの二重唱（主旋律は高音部！#7）。

「アイム・ハッピー・ジャスト・トゥ・ダンス・ウィズ・ユー」――アルバム全曲中、ジョージ・ハリスンが歌う唯一の曲。佳曲（#5）。

「アンド・アイ・ラヴ・ハー」――「イェスタデイ」が発表されるまではビートルズのいわゆるバラードの代名詞。

「テル・ミー・ホワイ」――ジョン・レノンの熱唱。

「キャント・バイ・ミー・ラヴ」――ポール・マカトニーが歌いきる曲としては、初期の代表格。

「エニー・タイム・アット・オール」――ジョン・レノンがソロで歌う中で、〝any time at all〟の繰り返しのうち二回目のみをポール・マカトニーが歌う。アルバム全十三曲をオリジナルでまかなうための趣向か。

「アイル・クライ・インステッド」――ギターの旋律にのってジョン・レノンが軽く、ほんとうに軽く、歌う。

「シングス・ウィ・セッド・トゥデイ」――初期のビートルズには珍しく重く、暗い曲。

「ホウェン・アイ・ゲット・ホーム」――〝Wow-wo ha!〟の絶叫で始まる、若々しさに溢れる曲。

「ユー・キャント・ドゥ・ザット」――やや古めかしい感じの曲。ジョン・レノンと、ポール・マカトニー、ジョージ・ハリスンの掛け合いが郷愁をさそう。間奏のギターに合わせた〝you can't do that〟の唱和もキマッている。

「アイル・ビー・バック」――三重唱の傑作（＃7）。

後日譚。『パスト・マスターズ』というアルバムがあって、時期は不明だがレコードで発売され、後にCDで復刻。「1」と「2」があって、これの内容が『ナンバー5』に近い――「ディス・ボーイ」「イエス・イット・イズ」、ドイツ語盤二曲など。また、『パスト・マスターズ』には「ラヴ・ミー・ドゥ」「フローム・ミー・トゥ・ユー」など最初期の曲が入っている、またドイツ語盤に合わせて「シー・ラヴズ・ユー」「アイ・ウォント・トゥ・ホールド・ユア・ハンド」が収められている、などが『ナンバー5』とは趣をことにしている。

#12　ドラムスなど

打楽器についてと言っても、ビートルズの場合、ほぼリンゴー・スターのドラムスにつきると言える。タンバリン等の小物ももちろん使われていないわけではないが、さほど効果的とは言えないのではないか。因みに、ローリング・ストーンズの場合、タンバリン、マラカスが効果的に使用される。前者の担当は当然ミック・ジャガーか（彼は片手があいている！）、後者の担当は不明。思いつくものを若干。マラカス――「ハロー・グッド・バイ」（サビの部分）、「シーズ・ア・ウォーマン」。タンバリン――「ティケット・トゥ・ライド」（これもサビの部分）。同じくタンバリン――「ヘイ・ジュード」で当初各小節の二、四拍目に、続いて8ビートで打たれるのが印象的。打楽器ではないが、むしろ耳に残っているのが手拍子（「アイ・ウォント・トゥ・ホールド・ユア・ハンド」「ヒア・カムズ・ザ・サン」ほか）。

デヴュー曲「ラヴ・ミー・ドゥ」でドラムスを担当しているのはかつて「もう一人のビートル（ズ）」と呼ばれた別の人物（名前は失念。リンゴー・スターはタンバリンを受け持っている）。プロデューサー、ジョージ・マーティンはこの人物のドラミングがお気に召さなかったようで、以後、ビートルズのドラマーはリンゴー・スターで決まり。

彼の演奏はきわめてオーソドックス、そして地味。歳を経ても基本的スタイルは変わらない。結果的にジョン・レノンのヴォーカル、ポール・マカトニーのベース、ジョージ・ハリスンのギターを引き立てることになった。これは彼のドラムスの優秀さの証明でもあり、脇役に徹するという彼の姿勢にも共感させられる（＃9）。いわゆるドラム・ソロも、「ジ・エンド」（『アビー・ロード』）で気持ちていどに披露してくれているにすぎない。

そのほかに、ティンパニー（にしか聞こえない）――「エヴリィ・リトル・シング」（『ビートルズ・フォー・セイル』）。

Out of Music（Correction & Addition）　＃3の「○○○とブラジル66」について。○○は「セルジオ・メンデス」。蛇足。このバンドはたしか「64」か「65」から始まって、次の年になると数字を増やしていた。「67」以降は記憶にない。畑はちがうが、この手のネーミングでは日本に「直木三十五」という大先輩がいる。増やすのをやめたのも同様。ところが、なんとその後「セルジオ・メンデスとブラジル2002」の名で活動しているもよう。

もう一つ、続き。#8の〝Beethoven〟の由来について。〝van〟はオランダ系の姓なる由（純粋ゲルマン系なら〝von〟）。それでも、〝van〟は「ファン」なのか「ヴァン」なのか（vonはもちろん「フォン」）、依然、疑問は残る。オランダ系のままの扱いなら「ヴァン」、ドイツ化したとされるなら「ファン」か。

#13　ブラスその他

管楽器はあまり好きではないせいか、よく聞き取れない。そこで、正真正銘のつまみ食い。「オール・ユー・ニード・イズ・ラヴ」――冒頭ブラスのみの「大英帝国国歌」（〝God Save The Queen〟?）は意図が読めない。また効果のほどは? 「ペニー・レイン」――曲を通しての管弦楽団（?）の伴奏で、光るのは間奏の部分。コルネットか何かの軽く高い音程が耳に残る。ホルン――「フォー・ノー・ワン」。キーボード（or ピアノ?）のみの伴奏に対して、間奏でホルンの優美なメロディー。クラリネット――「ホウェン・アイム・シックスティフォー」。コミカルな仕立ての曲にクラリネットの音色が哀愁をそえる。

ブラスとは話がずれるが、ポール・マカトニーはときどきこういう曲を作る。「ユア・マザー・シュッド・ノウ」「マクスウェルズ・シルバー・ハンマー」など。「ハニー・パイ」も愛嬌がある（#23）。フルート――「ユーヴ・ガット・トゥ・ハイド・ユア・ラヴ・アウェイ」。やや重いフルートの音色が沈鬱な感じのヴォーカルにマッチしている。ハーモニカ――「アイ・シュッド・ハヴ・ノウン・ベター」。これを忘れていてはいけません。初期のジョン・レノンの十八番。同じく、ハーモニカ――「フローム・ミー・トゥ・ユー」。控えめで感傷的な音色。また、デヴュー曲「ラヴ・ミー・ドゥ」も。最後に「ガット・トゥ・ゲット・ユー・イントゥ・マイ・ライフ」（『リヴォルヴァー』）――おそらくブラスを本格的に使った最初の曲。

Out of Music　唐突にメンバーの名前のこと。いつだったか（少々外国語を学んだ後のことに違いない）、メンバーのファースト・ネイムが実にヨーロッパの成り立ちを反映しているのに驚いた。なんと、ヨハネ（英 John）とパウロ（英 Paul）と（つまりキリスト教）が、ゲオルク（英 George）とリヒャルト（英 Richard）と（いわゆるゲルマン民族）を引っ張るという形になっている。因みに、「リンゴー・スター」は通称（芸名?）で、本名は Richard Starkey のはず。「リンゴー」は彼が指輪（ring）を片手に三個もつけるほどの好き者だから、とか。ともかく豪華絢爛というか、多士済々というか、はたまた綺羅、星の如くというか、名前だけにしても、マイッタの一言。

#14 ピアノとキーボード

ビートルズの音楽はピアノ抜きには語れない。演奏および録音活動の全期間を通じて一貫して枢要な地位を与えられている。初期の代表曲は「ロック・アンド・ロック・ミュージック」。ジョン・レノンのソロと平行し、絡み、協奏する（＃４）。おそらくオリジナルをほとんど模した奏法であろう。弾いているのはビートルズのメンバーではないはず（デヴュー当時、彼らは五線譜すら読めないと言われたものだった）。プロデューサー、ジョージ・マーティンかもしれない。「ノット・ア・セカンド・タイム」（『ウィズ・ザ・ビートルズ』）――間奏もふくめピアノを中心としたバック演奏で、初期のビートルズ・オリジナルには珍しい。また、この時期、ピアノは全くの脇役として登場することもある。「エニータイム・アット・オール」（『ア・ハード・デイズ・ナイト』）。間奏の部分で、ギターのメロディーにユニゾンで合わせる。時期はやや下るが、「ユー・ライク・ミー・トゥ・マッチ」（ハリスン、『ヘルプ』）。音色からして明らかに電気式ピアノ。

中期から、つまり自分たちで（主にポール・マカトニーと推測される）ピアノを演奏できるようになると、俄然ピアノに活気が出てくる。また、演奏にも巾が出てくる。「グッド・デイ・サンシャイン」「フォー・ノー・ワン」（いずれも『リヴォルバー』）あたりがはしりか。その後、「レディ・マドンナ」――叩きつけるようなピアノの音色とポール・マカトニーのヴォーカルの双方が輝いている。ビートルズの「ピアノ伴奏曲」の本格的な登場で、ピアノの担当は技巧に走らない弾き方からして、ポール・マカトニー自身かもしれない。「マーサ・マイ・ディア」（『ホワイト・アルバム』パート1）――軽やかなピアノのタッチによる「ジャンルを超えた」佳曲。ロックン・ロールなどのいわゆるポピュラー・ソングはA（主旋律）・B（サビ）の二部分から構成されるのが一般であるが、この曲はA・B・Cの三部分からなる。この点でも特異な曲。ピアノをポール・マカトニーが弾いているとすれば、かなりの上達ぶり。また、この時期、明らかにプロフェッショナルの手によると思われる感動的な旋律が奏でられる。「イン・マイ・ライフ」がそれだ。ジョン・レノンのやや大人びた歌い方（それにしても歌詞は少し背伸びしすぎている感がある）とポール・マカトニーのコーラスが絶妙のハーモニーを奏でている。そして、件の間奏。違和感など感じる間もなく、滑らかにして切れのよいキーボードの音色の連なりに心をうばわれる。楽器はピアノではなく、ハープシコードないしはチェンバロ（どうちがうのかよく分からないが）のよう。あるいは、当時既にあった電気式のキーボード楽器が使われたのであろうか。いずれにしろ、眼のさめるような魅惑的な旋律に感動し、また驚愕したのであった。

後期になると言うまでもなく、ポール・マカトニーの弾き語りが姿を現す。後期を代表する曲の多くはギターを脇にまわしピアノを前面に立てたものが多い（「レット・イット・ビー」「ヘイ・ジュード」）。また、こんなことも出来ますよ、という感じの曲「ホワイ・ドント・ウィ・ドゥ・イット・イン・ザ・ロード」（『ホワイト・アルバム』パート1）もある。ジョン・レノンもピアノ（むしろキーボードと言ったほうが実態に近いかもしれない）の弾き語りをするが、彼は基本的にギターで曲想を練るせいか、彼の曲にはギター伴奏が相応しいようだ。一方、ポール・マカトニーはベース担当からピアノ担当にでも変わったかのごとく、お気に入りの楽器となる。作曲にもピアノを使うようになっていたのだろうか。それでも、「ゲット・バック」では若いキーボード・プレイヤーを参加させている（TV放送による）。やはりその道のプロにはかなわないということか。あるいは音楽に巾、深みを持たせようとの意図か。
最後に、オルガン——「イェス・イット・イズ」。伴奏はオルガン一本に、ギター、ドラムス（リム・ショット）、ベース。同じく「ウィ・キャント・ワーク・イット・アウト」。

Out of Music（continued）　日本語の曲名の続き。〝I'm Looking Through you〟——「君はいずこへ」。回顧趣味的なひびきが感じられなくもないが、是。〝I'm Happy Just To Dance With You〟——「すてきなダンス」。的を射ている。〝I Wanna Be Your Man〟——「彼氏になりたい」。「彼氏」はすこし気取りすぎか。〝You're Going To Lose That Girl〟——「恋のアドバイス」。苦心の「意訳」というべきか。〝You're Got To Hide Your Love Away〟——「悲しみをぶっとばせ」。意訳。〝I Should Have Known Better〟——「恋する二人」。これも意訳。〝I've Just Seen A Face〟——「夢の人」？ 続いて、可もなく不可もなくというものを一挙に提示（順不同）。
〝When I Get Home〟「家に帰れば」
〝If I Fell〟「恋におちたら」

〝Ticket To Ride〟「涙の乗車券」
〝This Boy〟「こいつ」
〝I'll Cry Instead〟「ぼくが泣く」

#15　弦楽器ほか

弦楽器と言えば、もちろん「イェスタデイ」。それまでほとんど使ったことのないこの楽器を、ポール・マカトニーは自らの生ギター一本の伴奏に加えた。その効果たるや、おそるべし。ビートルズがロックン・ロールを超えたとすら表現できるだろう。おそらく弦楽四重奏団ではないかと思われる。これも、ポール・マカトニーの注文に応えてプロフェッショナルが編曲したものか。「エリナー・リグビー」ではこの手法はさらに進化する。ポール・マカトニーのヴォーカルをささえるバック演奏は管弦楽団のみ（あるいはフル・オーケストラか）。ギターもなければ、ドラムスもない。後期では、「ロング・アンド・ワインディング・ロード」。これはもう完全にフル・オーケストラだが、やはりヴァイオリンの響きが琴線をうつ。

その他の楽器もさりげなく使われている。ハープ――「シーズ・リーヴィング・ホーム」。ポール・マカトニーの涼しげな高音が端正な旋律とマッチしている。

Out of Music　ビートルズはマッシュルーム・カットに象徴されるように、悪がき集団と見られていた。にしては、レコード・デヴュー後（?）の写真を見ると、スーツにネクタイ姿でキメテいたりして、なにか不思議な感じがする。ジョージ・ハリスン、ポール・マカトニーは二十歳になるかならないかという年齢のはず。そう言えば、上着の襟の上部（切れ目の上の部分）にだけ別の生地をあてたスーツ姿も思い出される。いわゆるネール・スーツなんかも着てたっけ。これらはポール・マカトニーのデザインと聞いた覚えがある。

#16 「B級」

映画でいうところのB級作品とは二流ということらしいが、駄作というのでもないらしい（音楽では小品とも言うが、これはほめ言葉か？）。むしろスケールこそ大きくないが、それなりの存在感をもつ作品について使われるようだ。そこで、ビートルズのB級。ヒット曲とは言えないが、今までに言及しなかった曲に一言そえて（順不同）。

「アイル・フォロー・ザ・サン」――素朴なメロディー・ライン。

「フローム・ミー・トゥ・ユー」――ぼくから君へ。「アメリカン」ではなく（もちろん！）、まさしく「リヴァプール」のサウンド。

「イット・ウォント・ビー・ロング」――「演りたい」曲のナンバー・ワン。〝It won't be long〟の後の〝yeah!〟の繰り返しが鮮烈。

「アスク・ミー・ホワイ」――力まず爽やかに奏するビートルズ初期の珠玉。

「P.S. アイ・ラヴ・ユー」――各小節の頭だけユニゾンする素人的スキルを含め、ほのぼのとした風情に感心。

「トゥ・オヴ・アス」――どうして、こういう何ということもない、それでいて忘れがたい曲を作れるのか！

「ヤー・ブルース」――ジョン・レノンの凝った曲で、結果も出ている（サウンドの作り方、リズムおよびテンポの設定――八分の十二拍子らしき三拍子系の重いブルース調から一転して四拍子の軽いスウィング調へ、そしてもう一度もとのブルース調へ、鮮やかな切り替え）。

「フール・オン・ザ・ヒル」――B級では申し訳ないかもしれないが、まだ挙げてなかったので。間奏のリコーダーがいわく言い難い雰囲気を作り出している。

「アンド・アイ・ラブ・ハー」――これもB級以上とすべきかもしれない著名な曲。

「アイム・ルッキング・スルー・ユー」――『ラバー・ソウル』サウンドの代表作。

「ユー・ウォント・シー・ミー」――同上。

「フォー・ノー・ワン」、――地味な曲であるが、分類を越えた独自の曲感を持つ。ピアノ（or キーボード？）が実に、しぶい。

以下、すでに言及したが、もう一度挙げておきたい極め付きのB級（同じく順不同）。

「ティル・ゼア・ウォズ・ユー」——Non-originalにしてオリジナルの品位あり（#4）。

「アイム・ダウン」——やや定型的だが、ポール・マカトニーのシャウト系の曲としては「オー・ダーリン」と双璧をなす（#6）。「アイ・ウィル」——限りなくA級に近い名曲（#2）。「ディス・ボーイ」——質実なアコースティック・ギターの音色と可憐なコード進行、そしてややたよりげのない三重唱（#7）。

#17 ジョン・レノン The Poet

ビートルズの初期から中期にかけてのジョン・レノンの活動には八面六臂かつ獅子奮迅といった趣がある。彼はリーダーである。記者会見などでは、質問には彼が真っ先に答える（最後に締めくくるのだったかな?）。笑みを見せ、余裕の受け答え。ときどきユーモアやジョーク、皮肉もまじえる。やはり彼は「詩人」（「言葉のみでひとを動かす人」——丸谷才一による）なのかもしれない。続いてポール・マカトニー、ジョージ・ハリスンがなにごとか言う。ポール・マカトニーはいわゆる優等生的発言。ジョージ・ハリスンはとぼけた感じで意外に、インタヴューやステイジではけっこう茶目っ気たっぷりの発言をするらしい。記者のツッコミにも、ジョン・レノンが臨機応変かつ柔軟な受け答えをする。もちろんありきたりの答えではなく、翌日の新聞の見出しを飾るというような発言が多い。記者に切り返したりもする。リンゴー・スターにいたっては、いまさらという感じで両手を広げて見せたりする。公の場では回数が少ないが、身内では鋭い指摘で他のメンバーとは一線を画す。コンサートやその合間をぬってのレコーディングや移動などで息つく暇もない一日が終わって、リンゴー一言。〝It's（today has）been a hard day's night!〟が最初の映画の題名になったとか。

また、ジョン・レノンはステイジでは、メイン・ヴォーカル、二重唱・三重唱の低音部と歌いまくる。そのせいか、曲の紹介やそのエピソードの紹介はポール・マカトニーやジョージ・ハリスンがおこなう場合が多いような気がする。この間、リンゴー・スターは舞台後方でほぼ完黙。そのことと関係があるのかないのか、メインで歌っているとき間奏に入るさい、ジョン・レノンやポール・マカトニーは〝yeah!〟程度なのに、リンゴー・スターは二言三言合いの手を入れる。また初期には、ジョン・レノンはポール・マカトニーとともにオリジナルのほとんどすべてを作詞・作曲している（ジョージ・ハリスン作の曲は最初期の「ドント・バザー・ミー」以後、『ヘルプ』の「アイ・ニード・ユー」「ユー・ライク・ミー・トゥ・マッチ」あたりから少しずつ数を増やし、ビートルズの作品として定着）。ビートルズの初期の作品については、二人のどちらが作った曲でも、あるいは合作であっても「レノン／マカトニー作」と表記されている。そして、各曲の割り振りおよび作詞・作曲の分担の確定は、おおよそのところはどちらが主旋律を歌うかで確定できるが、主旋律とコーラス・パートとの間には「レノン／マカトニー」独特の関係があるので、ここでは一応「レノン／マカトニーもの」として一括して扱う。それでも、ジョン・レノン主導と考えられる曲は「メッセイジ」を基調としていると言えるのではないか。たとえば「ユーヴ・ガット・トゥ・ハイド・ユア・ラヴ・アウェイ」のような個人の心象を歌ったもの、「イン・マイ・ライフ」における若年寄的説法もジョン・レノンの体質が基調になっているような気がしてならない。例えばこれが、時期はやや下るが、ポール・マカトニーの場合、「ホウェン・アイム・シックスティフォー」のように、真正直に向かわず、ちゃかしているがごとき印象を与えるような曲になる。

　ジョン・レノンのこの様相は、中期・後期では一段と顕著になり、誰はばかるところなく自己の信念に従って行動し、メッセイジを伝える。曲ではもちろん歌詞（メッセイジ）が最重要課題となり、それが前面に出るため、曲想やメロディーは下位に位置づけられ、メッセイジ性を高めるための補助手段と化していく。曲想はメッセイジに従属するものであり、彼のメッセイジが仮に「平和」志向であったとすれば、メロディーも自ずとその辺に落ち着かざるをえなくなる。根っからの詩人であったジョン・レノンが「音」「音楽」「旋律」に固執するポール・マカトニーと袂を分かち、別の道を探ることになるのもやむをえないのかもしれない。ポール・マカトニーについて言えば、彼にとってはヴォーカルは最重要の「楽器」の一つではあったろうが、それ以上でもそれ以下でもなく、ましてや歌詞に曲想やメロディーが従属するなどというのは考えられなかったのにちがいない（後述）。

いずれにしろ、詩人としてのジョン・レノンの評価は上がりつつある。時とともに――。

#18 「音楽にとって美とは何か」

音楽の有りようはきわめて多様である。ものの本によれば、律令体制下の「雅楽寮（うたのりょう）」という役所や「雅楽頭（うたのかみ）」といった役職（雅楽寮の長官）の名称が示す通り、古においては、楽曲は政の枢軸的な役割を担っていたようであるし、それ以前にも、そしてそれ以後も、稲作に係わるいわゆる祭祀行為の形で実にさまざまな「音楽」が供せられていた。遠くギリシャにおいても音楽は、かの悲劇や喜劇において「コーラス」として営為されていたという。碌でもない知識であるが、古代のギリシャ語はヨーロッパ諸国の言語に一般的なストレス・アクセント（英語などでいういわゆる「アクセント」のこと）ではなく、日本語と同じ分類となるピッチ・アクセント、つまり強弱ではなく、高低のアクセントであったらしい。高低のその差は標準（だったか最大だったか）五度程度ということだが、そうすると強が「ド」なら弱は「ソ」。これが、ギリシャの音楽にどう係わるのかはもちろん不明、かつ勉強不足。さらにキリスト教の時代（それもかなり下ってからのことになるが）には教会音楽が盛行した。が、このあたりまでは音楽はいかにも従属的。音楽としての確固たる固有性（芸術としての音楽）の発展はヨーロッパ音楽史でいうと、いわゆる古典期からか？　その後のヨーロッパ（西欧）の音楽の展開については発言する立場にないが、カンツォーネ、シャンソン（これらはそもそもは単に「歌」ということだと思うのだが）、ジャズ等、民族性豊かな音楽が存在する。特にジャズ、ロックはしばらく前から注目されてきた中南米産音楽とともにいまやグローバルな地位を占めつつある。一応「音楽に国境はない」のだ。

という風に総括したところで、問い。かような多様性、かつての従属性にもかかわらず、音楽が固有の「美」をもつとしたら、それはいったい何であるか。吉本パパをパクッた表題は額面通り解すと「定義」をもとめることになるが、ここはソクラテス・プラトン学派の教場ではないので、先哲の示す道を歩まず、実例を挙げることで答えとしたい。ビートルズの場合、迷わず「ロング・アンド・ワインディング・ロード」。弱起のヴォーカルによる繊細な出だし、そしてそれに続く撓るようなメロディー・ライン、サビの部分のやや短い、そして艶やかな軽さ。アカデミー賞受賞の映画音楽もかくやと思わせるオーケストラの伴奏。二度目のサビは趣向をやや変えて、インストロメンタル。そして、最後の主旋律。ポール・マカトニーはいわゆる歌唱力のあるタイプではないだけに、せつせつと歌いかけるその歌い方が楽曲の美しさを引き立てている。この曲を聞くたびに「音楽というものは耳や鼓膜のために書かれたのではない。心に向かって書かれたのだ」（伊丹十三）ということばを思い出さずにはいられない。

#19 「掛け合い」

この表記はあまりわかりやすいとは言えないが、他に適切な言い方を知らないので——要するにメロディーの「掛け合い」（ないしは「絡み合い」）について、少しく。

わかりやすいのは、主旋律（メイン・ヴォーカル）に対してコーラスが呼応の関係にあるもの。「プリーズ・ミスター・ポストマン」（Non-original）——冒頭から掛け声の連続で始まるが、その後、コーラスの〝mister postman, look and see〟に対してジョン・レノンの〝oh! yeah〟以下、メイン・ヴォーカルとコーラスとの絶妙な織りあわせで曲が進行する（全く因みに。この曲はカーペンターズもカヴァーしているが、おそらくビートルズの演奏に刺激をうけたことはほぼまちがいない、と思う）。同じく「トゥイスト・アンド・シャウト」（Non-original）——ジョン・レノンの〝shake it up baby now〟に対してコーラスの〝shake it up baby〟、〝twist and shout〟に対して〝twist and shout〟——これが、また小気味よくきまっている。「タックス・マン」（ハリスン、『リヴォルヴァー』）——メイン・ヴォーカルは作者ジョージ・ハリスンであるが、サビの部分に入ると、従部が先行し、主部がこれに応える（#5）。やや変則的なリズムと相俟って不可思議な魅力を醸し出している。「ナイト・ビフォア」（レノン／マカトニー、『ヘルプ』）――ポール・マカトニーの〝we said our goodbye〟の〝…goodbye…〟のこの語尾に重なりながら、それを引き継ぐように〝ah the night before〟と続くあたりは流石。「ハロー・グッドバイ」（レノン／マカトニー）――〝you say goodbye, and I say hello〟（ポール・マカトニー）の〝hello〟に重なる形で〝hello goodbye, hello goodbye〟とコーラスが音を上げながら、まさに追い上げるあたり、躍動感をおぼえずにはいられない。「シーズ・リーヴィング・ホーム」（レノン／マカトニー）――サビの部分でポール・マカトニーが高音でながく〝she's leaving home〟と引っ張るように歌うのに対して、ジョン・レノンが低音でこの曲のストーリーを続ける。これらはいずれも単なるコーラス（和声）とは異なる曲想のように思われてならない（「掛け合い」「絡み合い」という表現が妥当なのかどうか、大いに迷うが）。ビートルズの場合、楽曲は（少なくとも中期くらいまでは）一人の作曲者が単独で練り上げるのではなく、気質を異にする複数のミュージシャンが実際に演奏（さらに録音）しながら仕上げていくものであったろう。そこにこそ「掛け合い」「絡み合い」がその効果をもっともよく発揮する磁場があったと言えるのではないだろうか。

それ以外にも、「イット・ウォント・ビー・ロング」――〝it won't be long〟に対して〝yeah!〟の掛け声。これが絶妙のタイミング（＃16）。「ユア・ゴーイング・トゥ・ルーズ・ザット・ガール」――ジョン・レノンと、それに対するポール・マカトニーとジョージ・ハリスンによる〝you're going to loose that girl〟〝yes, yes, she's gonna loose that girl〟の淀みなく流れるような呼応。まだあった。「プリーズ・プリーズ・ミー」――〝come on〟―〝come on〟「ホールド・ミー・タイト」――〝hold me tight〟―〝hold me tight〟などなど、まだまだというところだが、ひとまずここで終了。

また、一対一の好例としては「ヘルプ」。冒頭の〝help!‥‥〟のあと、ジョン・レノンの〝when I was young so much‥‥〟に対してポール・マカトニーが同歌詞で絡む。これなどは、主旋律の出自がどうあろうと、ジョン・レノンがそれを歌うのに合わせてポール・マカトニーが「こんなの、どうやどうや！」とばかりに従旋律を歌いながら作ってしまったのではないか、とひそかに推測をたくましくしている次第。「エリナー・リグビー」でもヴォーカルの最後の部分ではA・B両方のメロディーを重ねて合わせている（もちろんポール・マカトニーの一人二重唱）。

さらに、ヴォーカルと楽器との呼応では「フォー・ノー・ワン」——ピアノ（orキーボード）一本をバックにポール・マカトニーによりヴォーカルが進行。途中ホルンによる間奏のあとヴォーカルは最初の旋律のリフレインとなる。ここでホルンが間奏そのままのメロディーで併奏。このあたり（そして「エリナー・リグビー」）、バッハも真っ青！　これは、いくらなんでも言い過ぎか、な?

一般論だが、レノン／マカトニーものでは（特に初期）、ジョン・レノンが主旋律を弾き語りで奏するかたわら、ポール・マカトニーが三度のコーラス部を重ねる、あるいはそれにクロスするようにメロディーを絡ませるといった形で曲構成がなされる場合が多かったのではないだろうか。タクシー、バス、飛行機、列車の移動につぐ移動の中でさえも。

#20 ポール・マカトニー The Melody-maker

ポール・マカトニーの奏でるメロディーは多種多彩にして華麗。清冽な美しさを誇る「ロング・アンド・ワインディング・ロード」、軽やかにしてかつまた叙情的でもある「ペニー・レイン」、そして滔々としていて雄大、荘厳な「ヘイ・ジュード」。さらに、一転して「ファニー」な曲のいくつか（#23）。はたまた、いわゆるクラシックに繋がるような曲。たとえば「マーサ・マイ・ディア」「フォー・ノー・ワン」「エリナー・リグビー」。シャウトする曲では「オー・ダーリン」「アイム・ダウン」（#6）。「グッド・デイ・サンシャイン」はジャズを思わせる曲感。極めつけは「オブラディ・オブラダ」――単純にして簡素、それでいて間然するところのないメロディー（#25）。

曲中でも、Ａ（主旋律）の部分の荘重さに対して、Ｂ（いわゆるサビ）の部分の軽さ――「ロング・アンド・ワインディング・ロード」（#18）、「シーズ・ア・ウォーマン」。

また、曲そのものの完成度という点では物足りない感じもしなくはない「ユー・ネヴァー・ギヴ・ミー・ユア・マニー」「キャリー・ザット・ウェイト」（いずれも『アビー・ロード』）。

だが、それ故にかえって〝you never give me your money〟〝boy, you are going to carry that weight〟の部分の旋律が際だって印象的である。

最後に、主旋律に対する「掛け合い」「コーラス」。前者の最高傑作は「ヘルプ」（#19）。これについては、ポール・マカトニー一人に帰するわけにはいかないだろうが、二重唱でジョン・レノンが主旋律で歌う際の高音部はポール・マカトニー主導を強く想像させる。

ジョン・レノン、ジョージ・ハリスンがギターをつま弾きながら、そのコード進行にのったメロディーを紡ぎ出すのに対して、ポール・マカトニーはギターを、あるいはピアノを弾きつつ、メロディーを歌い、メロディーを歌いつつ伴奏をつける。彼の頭の中から（口から？　喉から？）次々に生まれるメロディーはまさに小宇宙。多様にして多彩、そして秩序。シンガー・ソングライターにありがちな「金太郎飴」スタイル（しばしば見受けられることだが、その人の作る曲にはどことなく「○○風」とでも呼べそうなにおいが終始付いてまわる現象）はポール・マカトニーにはあまり見受けられない。「ミュージシャン」「アーティスト」「コンポウザー（作曲家）」のどのことばよりも、ポール・マカトニーには「メロディー・メイカー」が相応しいように思う。

#21 「キンクス」スタイル

日本にビートルズが「上陸」し、日本中を席巻していた当時、同じく一群の英国のロック・バンド（グループ）が活躍した。ビートルズの発祥地にちなんで「リヴァプール・サウンド（ズ）」などと称されていたが、このネイミングはかなりあやしい。ロンドンあたりの出身が多かったのではなかろうか。その中に「キンクス」というグループがあり、特異なスタイル（もちろん音楽的な意味で）に思わず引き込まれてしまった。そのスタイルとは、ギターによる簡素にして印象的な旋律を前奏としながら、それをそのままヴォーカルの伴奏としてしまうというものだった。今なら「リフRiff」というところかもしれないが、当時そういう言い方はなかったように思う。キンクスはその後、次第にこの手法から脱皮し、いろいろな作風を生み出すようになる。日本でのヒット曲・代表曲は「サニー・アフタヌーン」。結果として、曲の個性はヴォーカルによるメロディーよりも、その特異なギターの演奏に負うところ大となる。キンクスのこの手の代表曲「オール・デイ・アンド・オール・オヴ・ザ・ナイト」ではベースもオクターヴ下で同じ旋律を弾き、さらにヴォーカルも同様のコード進行のヴァリエイション風なのであるから、さながらユニゾン一色に染まるというありさまであった。これはもちろん、一九五〇年代やそれ以前の音楽にルーツを求めうるものであり、またキンクスの専売特許であるわけもない。実際、初期のビートルズも演奏している「トゥイスト・アンド・シャウト」もこの手法による一曲ということができる。また、初期のローリング・ストーンズ（ストーンズの場合、活動期間が桁外れに長いので、時期をどこでどう区切るかはきわめて難しい問題であるが）も、いくつかの曲でこの手法を見事に活かしている。「サティスファクション」を思い起こせば、この辺の事情はかなりは理解していただけると思う。低く伸びのあるギターの響き、そして歯切れのよいベース、ドラムス——歌のメロディーは旋律とは言い難いほど単調なもので、ミック・ジャガーだからこそさまになるという代物である。そのためか、この曲、有名なわりにはあまりカヴァーされないようだ。そして、ビートルズで言えば「デイ・トリッパー」。エレクトリック・ギターによる独特のムードをもった旋律、後から加わるベースによるユニゾン。「デイ・トリッパー」と言えば、これである。歌のメロディーなどは「サティスファクション」同様、それ自体ではあまりに単調、没個性的で、曲としてのアイデンティティーすらギター以下のバックに依存していると言わざるをえないのではないだろうか。こうした手法の極地に立つのが先のキンクスであり、「オール・デイ・アンド・オール・オヴ・ザ・ナイト」であった。ビートルズには「デイ・トリッパー」以外にも、「歌」よりも「（ギターを主とする）バック演奏」に強い個性を感じさせる曲がいくつかある。まず、「アイ・フィール・ファイン」。「デイ・トリッパー」の重厚なギターに比して、軽くやや陽気なギター、そしてジョン・レノンの「味のある」ヴォーカル。いわゆるラテン音楽に通じるものを感じさせる点（ドラムスがいかにもそれらしい）で、ビートルズの音楽の中でも異色と言えるかもしれない。次に、「ティケット・トゥ・ライド」。これは「デイ・トリッパー」とも、「アイ・フィール・ファイン」とも異なり、歌のメロディーもかなり綾をもっており、エレクトリック・ギターと対峙する（#7）。さらに、「タックス・マン」（ハリスン）。これはどちらかといえば「デイ・トリッパー」タイプ（#5）。そのほかに「ドクター・ロバート」（『リヴォルヴァー』）、「バースデイ」（『ホワイト・アルバム』、パート2）、「ヘイ・ブルドッグ」（『イエロー・サブマリン』）。

Out of Music　大げさに言えばかつて一世を風靡したバンドの名前が出てきたので、

因んで昔話を——。〝The Rolling Stones〟は往年の名曲（題名は忘却）に由来とのこと。〝A Rolling stone gathers no moss〟ということわざも辞書には出ている。〝The Kinks〟は「ねじれ、よじれ→風変わり（者）」の意。これは自らの音楽のスタイルを自覚してのことと解しておきたい。さらに、〝Steppen Wolf〟——「ステッペン・ウルフ」と呼（読）んでいたが、さらに語釈で「ステッペン」は「ホップ・ステップ・ジャンプ」の「ステップ」の形容詞形（?）、「ウルフ」は「狼」。そこで「段付き狼」というジャーゴンが生ずることとなった。もちろんこれは誤り。「ステップ」は「ステップ気候」（高校地理などで習う「砂漠の周辺で温暖小雨の草原気候」で、キリンや象が生息しているところ）の「ステップ」で、したがって「ステッペン・ウルフ」は「草原の狼」。〝Lovin' Spoonful〟——「スプーン一杯の愛」（!）。このグループのリーダーの名前がまたすごい！〝John Sebastian〟ドイツ語式に読み書きすると〝Johann Sebastian〟（ヨハン・ゼバスチャン）、すなわちバッハのファースト・ネイムとクリスチャン・ネイム。これ、どう考えても本名ではなさそう。

#22 エンディング再考

フェイド・アウトについては能書きをたれた（#1）ので、ここでは「きちんと」エンディングする曲について。

ベスト3は以下の三曲。「アイ・ウィル」——三コーラス目の〝I will・・・〟をさりげなく受けたギターがそのまま自然に終末へと向かう。ビートルズ自然流エンディングの頂点。

「オブラディ・オブラダ」——ゆっくり跳ねるような曲が一転、〝・・・take ob-la-di, ob-la-da〟で完結、急転直下の妙技。「イン・マイ・ライフ」——出だしのピアノの旋律をそのまま受け、わずか一、二小節で華麗なエンディングに至る。いずれもため息もの。

ついでにあまり感心しないエンディングも、一つ。「ウィ・キャント・ワーク・イット・アウト」——唐突にして安直な終わり方。

#23　ポール・マカトニーのファニーな曲

ポール・マカトニーはときどき「ファニー・ソング」とでも称すべき曲を歌うことがある。代表格は「ハニー・パイ」「マクスウェルズ・シルヴァー・ハンマー」「ホウェン・アイム・シックスティフォー」。硬派のハード（or ヘヴィー）ロックでもなく、軟派のバラード風でもなく、ということは三枚目とでも言えばいいのか、おどけた、それでいてメロディアスな何とも不可思議な魅力をもつ一群の曲である。多くが中期から後期にかけての時期にあたるが、ポール・マカトニーが心おきなく発想できたのがこの頃だということなのだろうか。この系列につらなる山としては、さらに「ロッキー・ラクーン」（『ホワイト・アルバム』パート1）――伊達男（？）ロッキー・ラクーン一代記といった感じのストーリーもの。アコースティック・ギターの音色も弾き語りに相応しい。デキシー風の間奏も綾があって楽しい。「オブラディ・オブラダ」――これもデズモンドとモーリー、そして彼らの子供のお話。曲調は簡素にして鮮烈（#25）。「イエロー・サブマリン」――ユーモアの人リンゴー・スターの優れた一面を垣間見せてくれる一曲。「フール・オン・ザ・ヒル」――たおやかなメロディー、風情のある間奏（リコーダー？）。そのものズバリの「ファニー」な曲ではないが、「イエロー・サブマリン」同様、「ファニー」な要素を抜きにしては語れない曲。

ポール・マカトニーを、そしてビートルズを「二十世紀のスター」たらしめている曲目は綺羅星のごとくであるが、ここに挙げた「ファニー」な曲は数もあまり多くはなく、曲自体もひそやかなものであるが、彼や彼らの音楽の真髄を明かす重要な要因ではないだろうか。少なくとも、いわゆる色物でかたづけるべきではないと思う。

#24 ライヴ・バンドとしてのビートルズ

「二十世紀のスター」としてのビートルズはレコードにその足跡を残し、それが二十一世紀の今やCDに引き継がれている。しかし、ビートルズの出発点はライヴ・バンドにあった。現代の多くの人はこのことにそれほどの注意を払うことはないかもしれない。だが、彼らがライヴ・バンドであったということは、いくつかのことを考えさせてくれる契機になる。一つはエンディングの件である（#1）。ビートルズはライヴ・バンドであったがゆえに、エンディングでもいわゆるフェイド・アウトしないスタイルが自ずと身についたと言えるのではないか。まず生のステイジで披露し、よければレコーディングする。これを標準の発表形態としていれば、エンディングはフェイド・アウトではなく、かといって取って付けたような終わり方でもなく、曲の流れにのった颯爽としたものが求められたのであろう。ビートルズの初期のエンディングは実に手慣れていて、基本的パターンは多くはないが、それでも一曲一曲にそれなりの趣向をもたせて終了している。この性向はステイジでの演奏活動を止めたあとも、レコードによる音楽活動が終焉を迎えるまで続く。たとえば後期でも、「レット・イット・ビー」「ロング・アンド・ワインディング・ロード」などは律儀にエンディングしている（「ヘイ・ジュード」についてはエンディングを含め、後述）。これはいずれもポール・マカトニーの曲であり、彼がメンバーの中では最も生演奏にこだわっているように見える。

だが逆に、彼らがライヴ・バンドであれば避けてもおかしくはない現象も見受けられる。

件の「いきなりヴォーカルで始まる」という手法である。ドラムスがスティックをならすのはテンポをとるためによくやることだが、ビートルズではこれはやらないようだ。ジョン・レノンの〝one, two, three‥‥〟の掛け声か、彼がブーツの踵でとるテンポでスタートを切るのがビートルズの手法らしい。ところで、ライヴにはもう一つ問題点が――。「いきなりヴォーカルで始まる」ためには、歌い手はその曲の最初の音程をとる必要がある。

いわゆる絶対音感の持ち主ならいざしらず、英国の田舎バンドのメンバーがそのような特技を持ち合わせている由もない。結果、ヴォーカル担当のジョン・レノンかポール・マカトニーがキーの音を出して、それに合わせてヴォーカルがスタートする。たしか東京公演では（少なくとも）「ペイパーバック・ライター」でこのやり方を披露してくれた。これなど、「ア・ハード・デイズ・ナイト」でのコード一発などの「おまけ」で逃げる手もあるように思う（＃2）。しかし、出だしの音程をとるために、「おまけ」も含めなにか細工をするということはあまりなされていないようだ。エンディングとは逆にオープニングでは録音技術に大いに依存している。ここからまた、「アイ・フィール・ファイン」の怪我の功名も生まれた（＃27）。エンディングとオープニングはこの点全く対照的と言うほかない。

#25 「オブラディ・オブラダ」の奇跡

芸術は創造活動である。これまでだれも感じとらなかった、考えなかった、示さなかったものを感じ、考え、そして指し示す。一個の傑作の第一の存在意義はその作品そのものの存在にあるのではなく、その作品が初めて指し示した「フォルム」（理念的形態、“Form”）にある。一個の存在としてならば、画期的な作品と言えども、他の凡百の作品に決定的な差をつけることはできないであろう。真の創作者はその作品を生み出したのみならず、その作品を生み出すことにより初めて、まったく新しい「フォルム」を生み出す。それ故、最初の「フォルム」を生み出した個体が消滅しても、「フォルム」は残り、影響を与え続ける。創作者の「創造する」とは「何らかのフォルムを生み出す」。芸術に固有の創造性とは、そういったものなのだろう。音楽においても単に一個の楽曲を作り出すばかりでなく、これまでまさに誰も「作らなかった」「考えなかった」「思いつかなかった」音楽形態を存在に至らしめる点で、芸術の名に値するというのは至極まっとうな見解であると思う。作曲（作詞も含めて）

は、まさに創造なのだ。

だが、この「常識」を超えて出てしまう曲に出会うことになってしまった。「オブラディ・オブラダ」である。もちろん、この曲がいろいろな意味で傑作であるということに異議を唱える人は多くはないであろう。しかし、ここで拘ろうとするのはそこではない。この曲については、誰も「作らなかった（創造できなかった）」曲を作ったというより、誰も「見つけだすことがなかった（できなかった）」曲を「発見」したというのが妥当な表現に思われてならない。実際、西洋の数百年の音楽の歴史の中で何千何万という音楽家が現れたにもかかわらず、これほどまでに単純にして簡素なメロディーを「誰も見つけることができなかった」とは、まったく不可思議としか言いようがない。よくぞ「残って」いたものだ！　複雑怪奇にして難解、深遠なる構想と果てしもない探求の末の想像・創造というのであれば、おそらくそれに該当する作曲家・音楽家もいれば、また傑作もあるだろう。だが、この曲はずっと以前、何百年も前から「すぐ、そこに」「足下に転がって」「目の前に」存在していて、だがいかなる作曲者もそれに気づかず、ついに二十世紀後半に入ってはじめてポール・マカトニーによって「見つけだされた」としか思えない。音楽一般には「創造」のことばが相応しいが、「オブラディ・オブラダ」に限っては「創造」よりも「発見」のことばが相応しいのではないかとさえと思ってしまう。この曲の「明晰・判明（**clear and distinct**）」さが、ついこんなことを考えさせる。

Out of Music　またもや昔話。ピーターとゴードン「愛なき世界」（〝World Without Love〟）、メアリー・ホプキンス「悲しき天使」（〝Those Were The Days〟）――この二曲はポール・マカトニーが変名で作ったとの「噂」があった（未確認）。

#26 間奏

ビートルズのデヴュー前後のメンバーは、ジョン・レノンとポール・マカトニーにジョージ・ハリスン、そして某ドラマー（名前は忘却）の四人（リンゴー・スターはたしかレコード・デヴュー時にプロデューサーの要請で代わりにメンバーになったはず）。ジョン・レノンとポール・マカトニーの二人が歌いまくり、残りの二人はそれに合わせて叩く、弾く。このスタイルからすると、ビートルズにおける間奏とは、当初はジョージ・ハリスンの活躍の場を増やす意味があったのではないだろうか。もちろん一曲の流れの中で、間奏により曲に巾をもたせ、綾をつけるという点も見落としてはならないことは言うまでもない。しかし、彼らの間奏におけるジョージ・ハリスンのもつ意味合いはそれ以上に大きいと思えてならない。実際、初期の曲では間奏はジョージ・ハリスンのギターによるものがほとんどである。たまに変化をつけようとの意図からかピアノが使われたりするが、その旋律は単純で主旋律をそのままなぞるものが多いように見受けられる（「エニー・タイム・アット・オール」（#14）「ベイビー・イッツ・ユー」)。ジョージ・ハリスンによるギターの間奏の場合も、元のメロディーのコード進行にのっとっており、顕著な目新しさがあるわけでもない。とはいえ、ギターの音色、メロディーのくずし方などにその曲その曲の独自性が感じられる。たとえば「ア・ハード・デイズ・ナイト」。重く響きわたるギターの音、そして速い三連符を多用した旋律——これがこの曲のアクセントになっている。そのほか「ユー・シュッド・ハヴ・ノウン・ベター」「オール・マイ・ラヴィング」など。因みに、ステイジ上で観客席から見て左からポール・マカトニー、ジョージ・ハリスン、ジョン・レノンと並び、左右の二人の前にマイク・スタンドが二本、ジョージ・ハリスンは曲によって左右のマイク・スタンドをどちらかと共用する——このおなじみのビートルズ・スタイルはこのあたりの事情を雄弁に物語っていると言えるのではないだろうか(ケース・バイ・ケースで、これ以外の形態があるのはもちろん)。

その後、ジョージ・ハリスンによるメイン・ヴォーカルも増加し、さらには彼が自作の曲も披露するようになると、間奏におけるジョージ・ハリスンのギター・ワークの意義は次第にうすれてくる。中期では「イン・マイ・ライフ」(チェンバロ or ハープシコード)に顕現しているように、ギター以外の楽器による間奏が目立ってくる。

挙げれば、「フール・オン・ザ・ヒル」（リコーダー）、「フォー・ノー・ワン」（ホルン）。たしかにこの時期、間奏の形態は多岐にわたることになる。

さらに、後期にはジョン・レノン、ポール・マカトニー、ジョージ・ハリスンのそれぞれが三者三様の音楽を求めるにいたって、間奏も三者三様の道をたどる。ジョン・レノン——音楽にメッセイジを託す以上（#17）、歌（ことば）が彼の音楽であり、間奏への感心は低くならざるをえない。実際、ジョン・レノンの後期楽曲で間奏をもつものはきわめて少ない。ポール・マカトニー——彼にとっても音楽は歌（ことば）であるが、それはメロディを乗せるヴィークルであり、媒体としての歌であり、ことばであろう。ヴォーカルは彼にとって最重要な「楽器」なのである（#17）。ここにも間奏が大きな意味をもつ余地は少ない。ジョージ・ハリスン——今や単なるギタリストではなく、いわゆるシンガー・ソングライターである彼にとっても間奏はもはや活躍の主たる舞台ではない。「ホワイル・マイ・ギター・ジェントリー・ウィープス」では久しぶりにギターを「啼かせて」いるが、未確認ながらこの演奏はエリック・クラプトンによるものだとの話がある（未確認。#5）。以上、後期では三人のうちの誰の曲であれ、間奏を曲のポイントの一つとみなすような視点は見られなくなると言って差し支えないように思われる。

最後に、最も印象的な間奏をもつ曲は、「イン・マイ・ライフ」（#14）。

#27 AABA型とBAABAB型

楽曲のほとんどがAとBの二つから構成されている。即ちAABAでAが主旋律。Bがいうところのさびである。「アイ・ウィル」がまさにそれ。

そこからいくつかの発展形が生まれる。一つはAABABAで、基本形の後半を繰りかえすもの。三回目・四回目の歌詞は最初の一回目のものを繰りかえすことが多い。「ホールド・ミー・タイト」。次にその二回目のBにかえて、Aのコード進行で間奏を入れるもの。つまりAABAA′Aとなる。「アイ・シュッド・ハヴ・ノウン・ベター」。

まれにABCの三つの部分（音楽用語的には「モチーフ」か）からなる楽曲もある。「マーサ・マイディア」「アイル・ビー・バック」。

最後にビートルズ独特のBAABABのタイプ。成り立ちは推測するしかないが、AとBとがおおよそ出来上がったところで、Bが持つ凄烈さを買ってBを主役として冒頭にもってきたのではないか。「シー・ラヴズ・ユー」と「キャント・バイ・ミー・ラヴ」が双璧。いきなり題名そのままの歌声が炸裂するのだから、印象ははなはだ強い。「いきなり始まる」の極北と言える。

＃28　主力は4分の4拍子

ビートルズの楽曲はNon-originalを含めて三百曲弱。そのほとんどが4分の4拍子。8分の12拍子は4拍子系とみれば、「ディス・ボーイ」「イエス・イット・イズ」「ノーウェジアン・ウッド」「オー・ダーリン」「ヤー・ブルース」がこれにあたる。「ユーヴ・ガット・トゥ・ラヴ・アウェイ」は8分の12拍子に聴こえるが、ギターを三連符で弾く。譜面上は4分の4拍子。

4分の3拍子は「シーズ・リーヴィング・ホーム」「ディグ・ア・ポニー」と「ア・テイスト・オブ・ハニー」（これはNon-original）くらいか。3拍子系の8分の6拍子は「ベイビーズ・イン・ブラック」と「アイ・ミー・マイン」（ジョージ・ハリスン）。

#29 些事

1 「アイ・フィール・ファイン」――冒頭の「ギョイーン」というようなギターの音は弾き損ないと聞いたことがある。その後の録音は順調にいって、曲が始まるところからレコード化する予定が、「あんがい面白いかも」（ジョン・レノンの意見？）ということで、発表版のスタイルに決定したとのこと。ステイジでは（たぶん）再現していないはず。結果として、この曲のもつ陽気で軽やかな調子に相応しいオープニングになった。

2 「ホワット・ユア・ドゥイング」――この曲はメロディーの（文節の）頭だけユニゾンするが、二回目の繰り返しのさい、メイン・ヴォーカルのポール・マカトニーが「ユー！」と歌っているのに対して、バックの声（ポール・マカトニーの一人二重唱か）はなぜか「アンド！」。

3 〝…gonna…〟〝…wanna…〟が歌詞によく登場するが（#2 Out of Music）、楽譜やCD（レコード）付属の歌詞カードでは〝…going to…〟〝…want to…〟

となっている。どうも書くときには後者、話す（歌う）ときには前者を使うものらしい。そう言えば、〝…donot…〟とは書くが、それを読むときは〝don't〟だと聞いたことがある。ただし、「アイ・ウォナ・ビー・ユア・マン」は表記も〝…wanna…〟

4 さらに、〝…wanna…〟について。OALD（SEIKO製電子辞書所収）によると〝…wanna…〟は〝want to〟に加え〝…want a〟の意もある由。そう言えば、「ハッピネス・イズ・ア・ウォーム・ガン」中に、〝I wanna you〟と聞こえる一節がありました（この場合、〝a〟はないけれども）。

5 同じく〝ain't〟。ビートルズのオリジナルには登場しないと思う。Non-originalではたしか〝Ain't She Sweet〟という曲が持ち歌のはず（発表版はないようだ）。この言い回しは米国流か。ボブ・ディランは多用する。

6 ビートルズの「破格」――「ティケット・トゥ・ライド」中の〝she don't care!〟。「間違えてる！」とは思わなかったが、どういう意味（効果？）があるのか、は判然とせず仕舞い。ついでに、「ハニー・ドント」は〝Honey, don't!〟か。

7 ビートルズの歌詞で英語以外と言えば（「シー・ラヴズ・ユー」「アイ・ウォン

ト・トゥ・ホールド・ユア・ハンド」のドイツ語盤を除けば）、で「ミッシェル」中のフランス語のみか。分かる範囲で書き留めてみた（下のカッコ内は曲中に出てくるこれに該当する英語の部分）。

Michelle ma belle, sont des mots qui vont trés bien ensammble.

(Michelle ma belle, these are words that go together well.)

8　ドイツ語盤二曲の長さ（時間）。「アイ・ウォント・トゥ・ホールド・ユア・ハンド」は英・独ともに「2′25″」で同じ。「シー・ラヴズ・ユー」は英「2′20″」に対して、独「2′18″」。いずれも『パスト・マスターズ』による。

9　Out of Musicでも触れた日本語題名について、さらに。『ラバー・ソウル』が他のアルバムを圧倒して日本語題名を多く採用している。全十四曲中、なんと八曲。ビートルズ全体で言えば、邦題はおそらく十分の一ほどではないかと思われるので、『ラバー・ソウル』のこの数はかなりの熱の入れようだと言える。因みに、Out of Musicで言及したもの以外をまとめると、以下のごとく。

〝Think For Yourself〟 ——「嘘つき女」

〝The Word〟 ——「愛のことば」

〝What Goes On〟――「消えた恋」
〝If I Needed Someone〟――「恋をするなら」
〝Run For Your Life〟――「浮気娘」

「愛のことば」がやや安直な以外、きわめて丁寧に歌詞の意を汲んでいるように思われる。

レノン／マカトニーもの、ジョージ・ハリスンものと並んでレノン／マカトニー足すリチャード・スターキー（リンゴ・スター）作の楽曲が二つある。「ホワット・ゴーズ・オン」と「マギー・メイ」。またリチャード・スターキー単独名義のものも――「ドント・パス・ミー・バイ」「オクトパス・ガーデン」。さらに四人の合作もあって、これは「ディグ・イット」と「フライング」。

#30「ヘイ・ジュード」

この曲、この歌について何が言えるのだろう。どうあがいてもとりとめがないので、むしろ順不同で箇条書きに。

1　なんといってもフェイド・アウトのエンディング。「ビートルズの七不思議」というものがあるとすれば、その一つに数えられようか。「颯爽としたエンディング」を本流とするビートルズの音楽の特性からすれば、名曲であるだけにいささか腑に落ちない（#1）。かといって、仮にエンディングを考えても、「ミロのヴィーナス」の失われた両手のごとく、「ないのが一番」としか言いようがないのかも。

2　最後の〝da da da…〟（〝na na na…〟の表記も見受ける）の長大さ——十五回超に及ぶリフレイン、時間にして全曲約七分中後半の四分以上を占める。この長さは類例を見ない、と言いたいところだが、実はある。サイモンとガーファンクル「ボクサー」。この曲も最後に「ライ-ラ-ライ……」（「嘘で、嘘で…」〝lie-la-lie…〟かもしれない）のフレイズを八回リフレインする。オープニングでは両曲は異なる。「ボクサー」の生ギターの細やかで巧みなスリー・フィンガーに対して、「ヘイ・ジュード」は例の弱起のヴォーカル。エンディングにおいても、長大であるという点では、また、それまでどこにいたかというほどの楽器を登場させるという点では両曲は同趣向であるが、「ボクサー」がその長いリフレインをオープニングのギターへと収斂させ、そのギターの一弾きで終了するのに対して、「ヘイ・ジュード」は長いリフレインがゆっくりとフェイド・アウトしていく。

3　末尾フェイドアウトが始まるころジョン・レノンが放つ「シー・ラヴズ・ユー、イエーイエー」が追想を誘う。

4　雄渾かつ峨峨たるメロディー、厳かな風韻……「ヘイ・ジュード」はまさしくビートルズの楽曲中のザ・ベスト。

ライナーノート

ビートルズの作品（works）はもちろん歌（songs）。対象楽曲はデヴュー曲の「ラブ・ミー・ドゥ」からアルバム『レット・イット・ビー』までで、「発表版」の名のもとに一括した。本稿ではそれを音楽（music）の観点から鑑賞する（というか、感想を述べる）。あくまで本筋は曲想・重唱・合唱などメロディーをめぐる諸々である。脱線して（Out of Music）、歌詞や題名、楽器などに言及したり、歌い手・歌い方を云々したり……。さらには往時をふりかえり回顧譚にふけることもしばしば。

というわけで、とりとめのない、隔靴掻痒の感ありの話が続くが、諒とされたい。

なお、楽曲の日本語タイトルで、定冠詞「the」は省き、不定冠詞「a」はそのまま残した。

参考文献等

『ザ・ビートルズ／ポケット判ソングブック大全集』（株）ソニー・ミュージックパブリッシング、二〇〇〇

The Beatles, *Past Masters* Vol.1 & Vol.2, EMI Records, 1988（CD）

いわさき ひでお（岩崎英雄、1951―　）

長野県生まれ。
金沢大学大学院文学研究科修了。
その後、石川県立高校・養護学校・特別支援学校に勤務。
また金沢大学文学部・教育学部非常勤講師。

ビートルズ・ミュージック

2024年7月29日　第1刷発行

著　者　　いわさき ひでお

発行人　　大杉　剛
発行所　　株式会社 風詠社
〒553-0001　大阪市福島区海老江5-2-2 大拓ビル5‐7階
Tel 06（6136）8657　https://fueisha.com/
発売元　　株式会社 星雲社（共同出版社・流通責任出版社）
〒112-0005　東京都文京区水道1-3-30
Tel 03（3868）3275
装　幀　　2DAY
印刷・製本　シナノ印刷株式会社

ISBN978-4-434-34216-5 C0073